D1688030

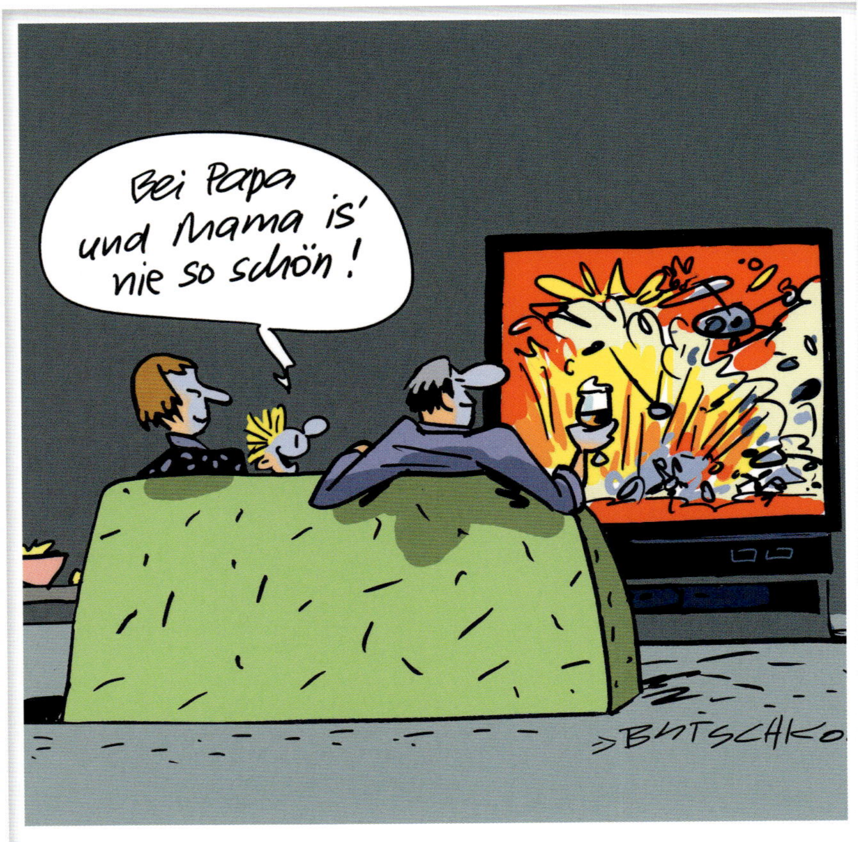
Bei Papa und Mama is' nie so schön!
BUTSCHKO

Viel Spaß mit den Enkelkindern!

Für:

VIEL SPASS!

„Wofür braucht man eigentlich Eltern, Opa?"

Plappermäuler

Mein Opa stammt aus Wien und muss ein ganz schöner Schlawiener gewesen sein.

Meine Oma vertieft ihre Sprachkenntnisse laufend im Verkehr mit Ausländern.

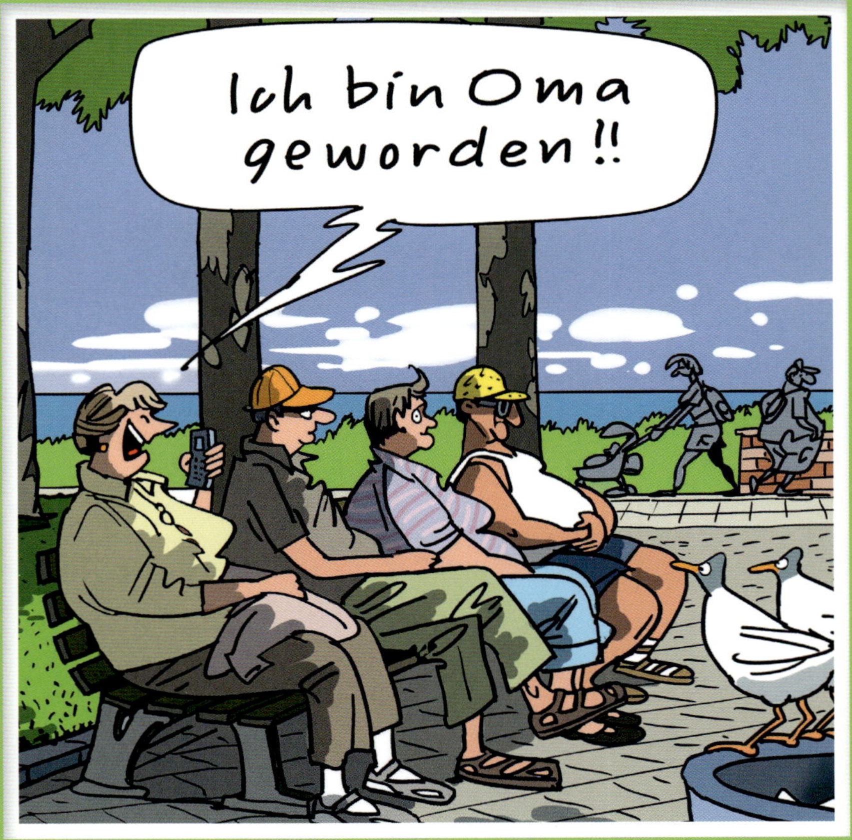
Ich bin Oma geworden!!

KINDER brauchen **GROSSELTERN** weil diese die **EINZIGEN** sind, die bezeugen können, dass ihre **ELTERN** früher auch nicht viel besser waren.

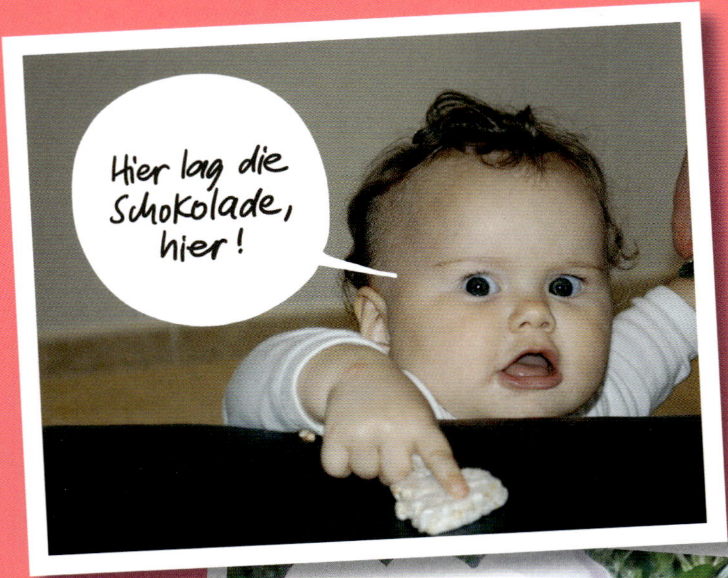
Hier lag die Schokolade, hier!

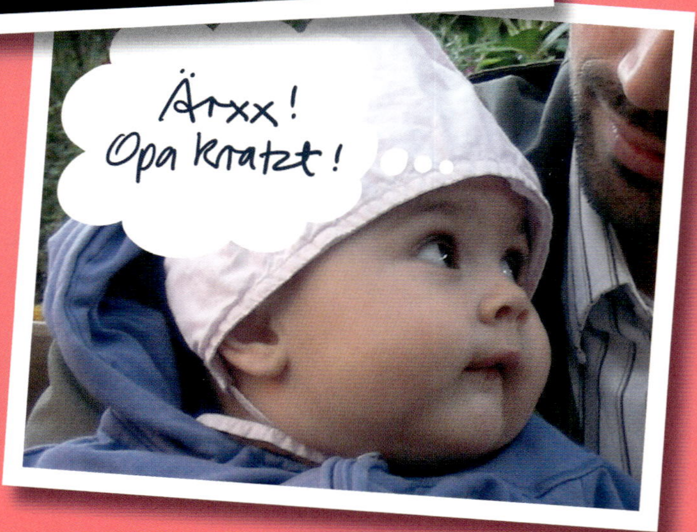
Ärxx! Opa kratzt!

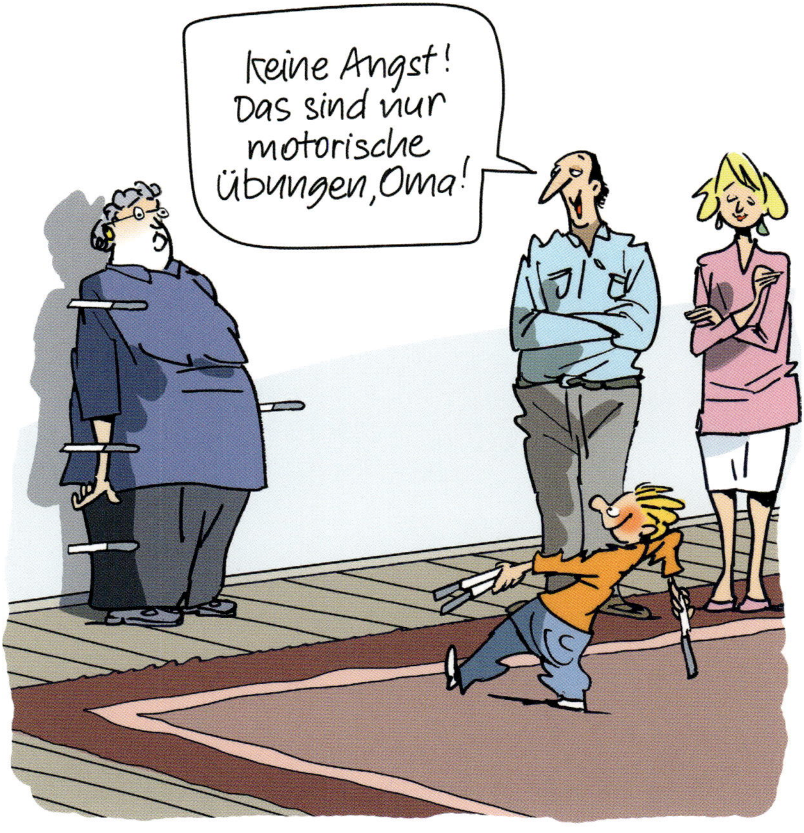
Keine Angst! Das sind nur motorische Übungen, Oma!

Lachen auf Opas Kosten

„Könnt ihr mir einmal die Elemente nennen?"

„Feuer, Wasser, Erde, Luft und Kognak."

„Was soll das heißen: Kognak? Wie kommst du darauf? Das ist doch kein Element!"

„Doch, wenn mein Opa die Kognakflasche sieht, dann sagt Oma: Nun biste wohl wieder in deinem Element!"

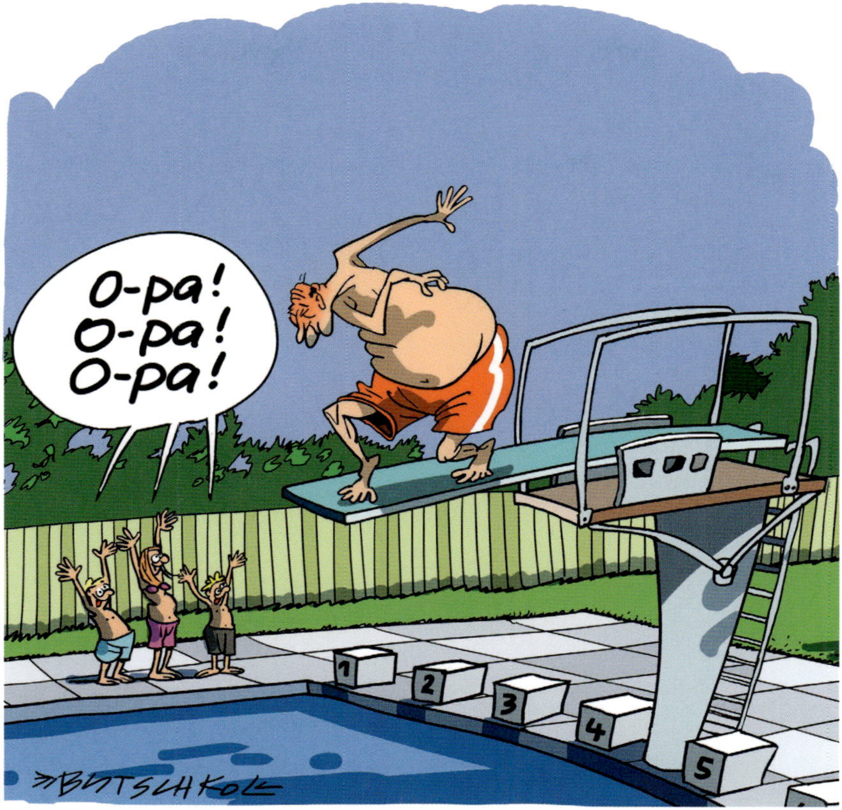
O-pa! O-pa! O-pa!
BUTSCHKOW

Der Ruf der Ruhrpott-Omma

> **Schan-talle, mach dat Mäh mal ei.**

Schacke-line!
Komma bei Omma jetzt! Nein, kein Apfel, wir hatten Kaugummi ausjemacht!

Määäändi,
den grünen Fahrrad is weg! Isch glaub, den is jeklaut?!

Mischelle! Komma schnell nach Omma!

Leeee-oooon,
die Omma macht sich jetzt weck!

Käää-wiiiin!
Komm aus de Fritten!

Äääämmmaaaa,
Pfoten weg vom Herd, sonst Aua!

Lottaaaaa,
wo gehste? Pass auf die Straße!

Filippe, tu Computer, aba nich dassu Porno!

Tascha, komm Hause! Essen tun!

Opa!
Mein Bauchfoto
von dir kommt im
Internet gut an!

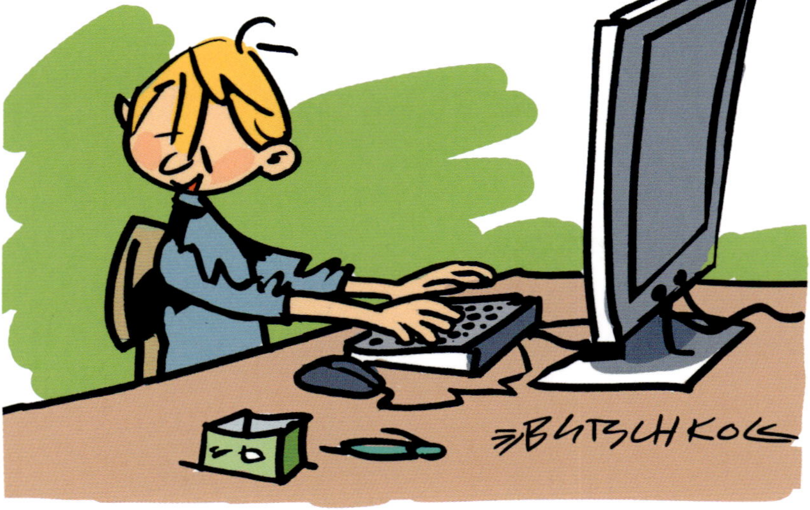

Dann zieht doch ruhig um zu Oma!
Mehr Zeit zum Spielen!
Für mich auch!

DIE IDEALE LÖSUNG
wäre, nicht Kinder, sondern gleich Enkel zu haben.

ENKELKINDER
sind die Fortsetzung der Elternschaft mit Rückgaberecht.

Wie heißt die ältere Nanny?
OMA TO GO!

Kinder sind Glück, Enkelkinder die **VOLLENDUNG.**

Wer als **VATER** versagt, kann als **OPA** alles wiedergutmachen.

Großeltern sind Eltern, die im Alter noch **KINDER KRIEGEN.**

Die Glücklichen: **SPÄTE VÄTER,** können gleich Opas sein.

HARTE MÜTTER, werden die sanftesten Omas.

Bei Opa kann Enkel **MENSCH** sein.

Umso **FRÜHER** man Kinder kriegt, umso **JÜNGER** wird man Oma.

**Auch wenn die Sehkraft nachlässt ...
Eine echte Oma erkennt ihr Enkelkind sofort!**

Opa! Dein Computer-Experte ist eingetroffen!

Plappermäuler

Oma war mal Verkäuferin
und hat viel
verraten und verkauft.

👋 👋

Wenn Opa von früher erzählt,
wird es immer später.

„Ich hab mich doch schon tausend Mal entschuldigt!"

Meine Oma sagte immer: "Glotzt das Schwein blöd aus der Borste, ist der Herbst bereits im Forste!"

Die neue Staffel der beliebten US-Fernsehserie

Grandmother Plumkate

ist endlich da!

Die neuen Folgen:

- Oma räumt auf
- Der Fall Durch
- Die giftige Windel
- Hölle Supermarkt
- Die Rache der Schwiegertochter
- Das Enkelkomplott
- Das Labor des Dr. Zucker
- Die Vorleserin
- Die Grenze
- Die Jagd nach der Keksdose

NICHT MIT OMA!

„Zum Glück hast du dir von deiner Tochter nicht wieder die Kleine aufschwatzen lassen!"

Was erwartet das Kind von Oma und Opa?

1. Liebe
2. Verständnis
3. Ausdauer
4. Sonderzuwendungen
5. Verschwiegenheit
6. Hilfe
7. Finanzielle Unterstützung
8. Loyalität

Was erwarten die Eltern von Oma und Opa?

1. Hilfe
2. Finanzielle Unterstützung
3. Loyalität
4. Sonderzuwendungen
5. Ausdauer
6. Liebe
7. Verschwiegenheit
8. Verständnis

„Darf ich auch mal das Lenkrad anfassen, Opa?"

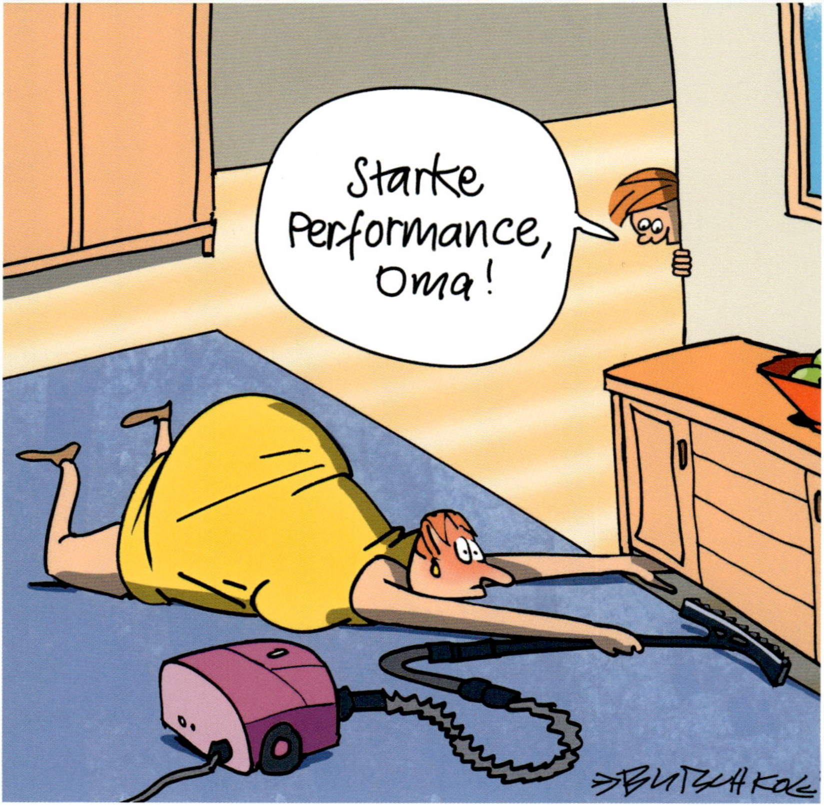
Starke Performance, Oma!
BUTSCHKOW

Ich hab sogar noch Jimi Hendrix in Berlin gesehen!
Hast noch Kontakt?
BUTSCHKOW

ZAHLEN, BITTE!

19.337

Opas haben noch eine elektrische Eisenbahn im Keller und sind sehr kleinlich, wenn es um die Aufgabenverteilung geht. Die meisten sind Bahnhofsvorsteher und Lokführer zugleich. Allerhöchstens sind sie bereit, den Job des Rangieres an ihr Enkelkind abzutreten, aber nur auf 400-Euro-Basis.

598.032

der Opas üben mit ihrem Enkelkind heimlich Autofahren. Das verteilt sich ungleichmäßig auf PKWs, Motorräder und Trucks. Zumeist auf stillgelegten Industriegeländen, im eigenen Garten oder auf ausgetrockneten Salzseen. Der Deutsche Schwarzfahrerverband schätzt, dass die Dunkelziffer noch weitaus heller ist.

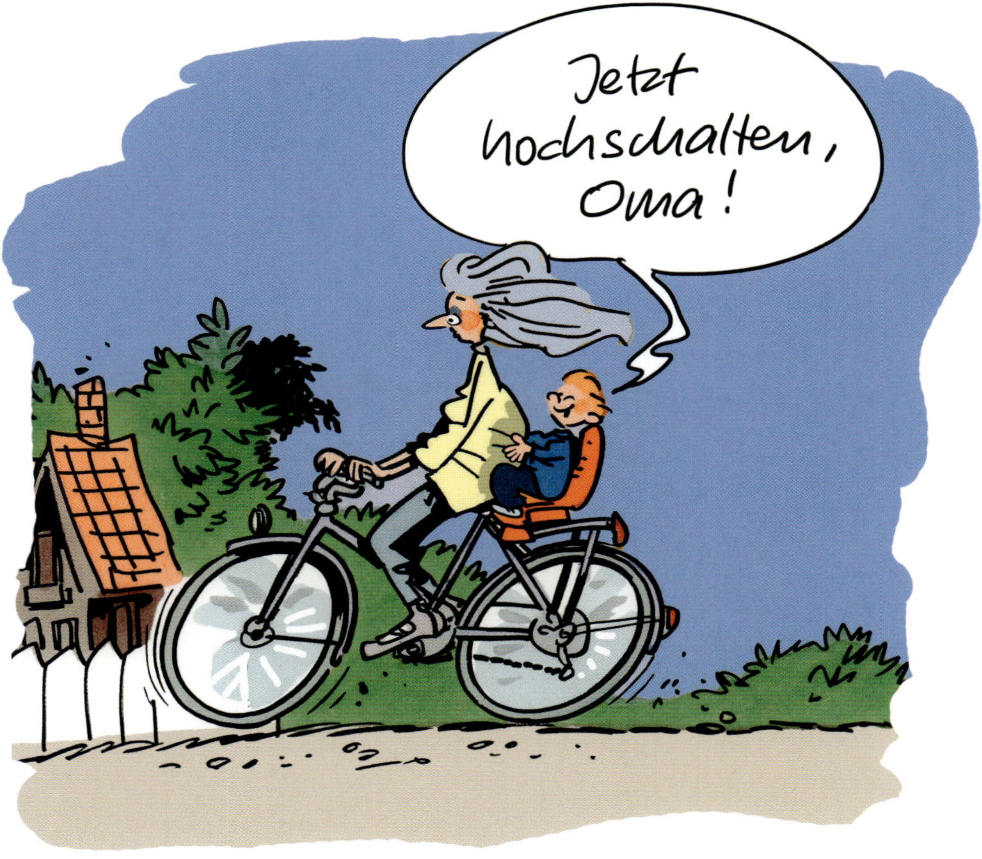
Jetzt hochschalten, Oma!

Es wäre wirklich zu schön, wenn du auch mal ein gutes E-Book lesen würdest!
BUTSCHKOW

Plappermäuler

Nach dem Rasieren reibt sich mein Opa immer mit einem Afterschweif ein. Dann stinkt er fein.

~~~~~ ooooo ~~~~~

Ich kann meinen Opa nicht beschreiben, weil ich ihn noch nicht so lange kenne wie meine Oma.

Lachen auf Omas Kosten

„Meine Oma wünscht sich zum Geburtstag ein Streichinstrument!"
„Und was hast du ihr gekauft?"
„Ein Buttermesser!"

„Ich habe dich schon geliebt, bevor ich dich überhaupt kannte", sagt Oma sanft zu ihrem Enkel.
„Toll, Oma! Das ging mir mit Gummibärchen genauso!"

KOCHEN MIT OPA!

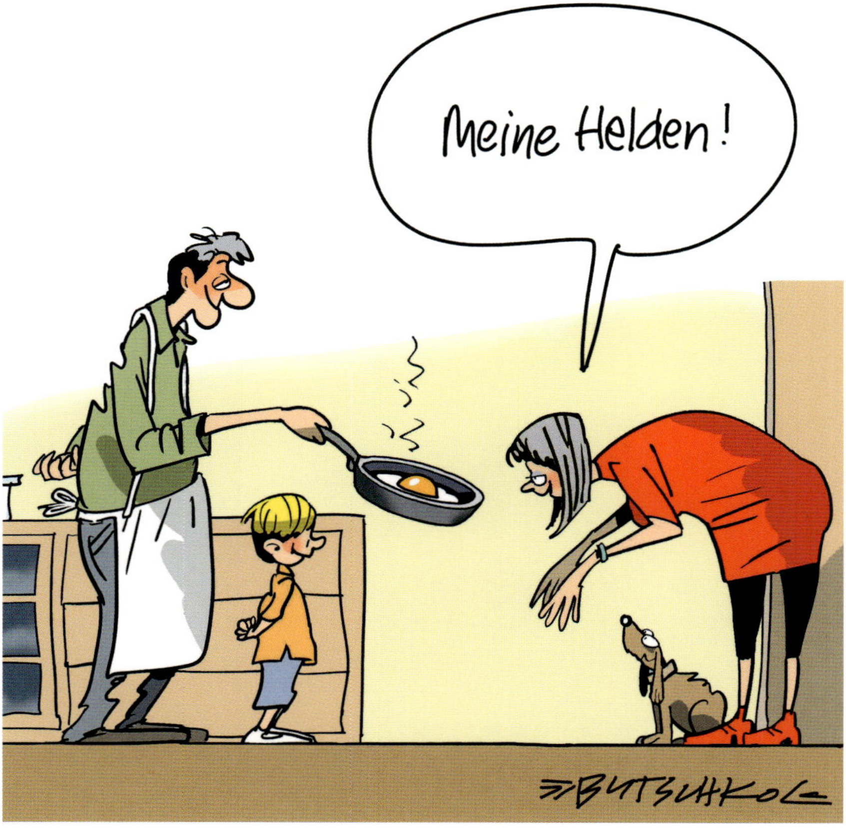

ZAHLEN, BITTE!

89 %

aller Großeltern sind der Ansicht, dass Enkelkinder viel angenehmer sind, als ihre eigenen Kinder es waren. Dies ergab eine Umfrage des Institutes für Enkelogie in Upsala. Als Grund gab diese Gruppe an, dass sie heute alles mit anderen Augen sehen. Wo und von wem sie diese Augen erstanden haben, ob im Internet oder im freien Handel, ließen die Befragten offen.

1.290.331

Millionen Opas wünschen sich, dass ihr männliches Enkelkind mal ein berühmter Fußballer wird. Ob Lionel Messi oder Cristiano Ronaldo ist ihnen dabei egal, auf keinen Fall aber Lothar Matthäus. Der englische Psychologe James Forchecking sieht hier die unerfüllten Träume der Großväter als Ursache, gibt aber zu bedenken – das jedoch ohne Gewähr.

Chill out, Baby, gut' Nacht,
Onkel Google über dich wacht...
BUTSCHKOW

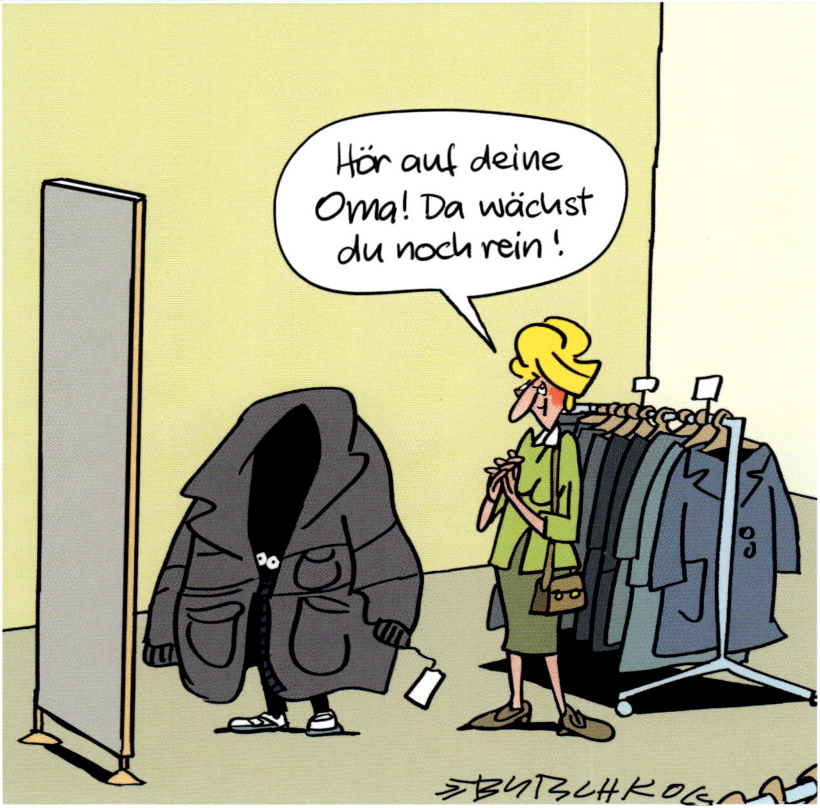
Hör auf deine Oma! Da wächst du noch rein!
BUSCHKOW

Haben Sie denn gar keinen Beruf?

IM DIGITAL MIT OMA UND OPA

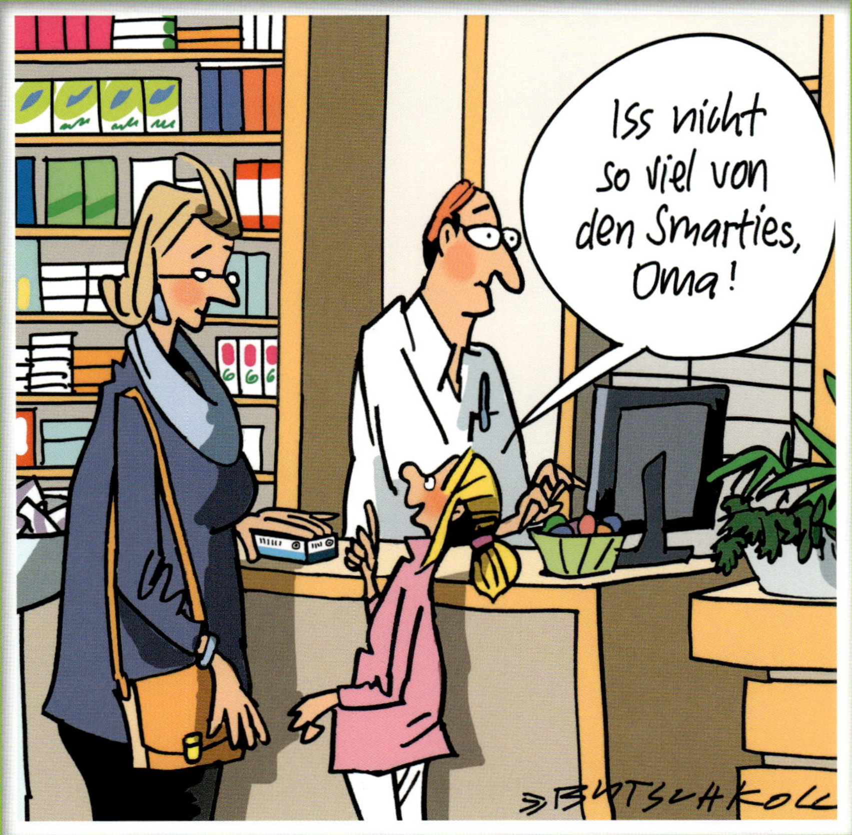
Iss nicht so viel von den Smarties, Oma!
BUTSCHKOW

OMA KANN AUCH HART SEIN.

Wenn du nicht deine Festplatte aufräumst, gibt's kein Naschi!

Lachen auf Omas Kosten

„Oma, kannst du mir 50 Cent für einen alten Mann geben?"

Oma ist gerührt. „Du bist aber lieb, Kurti. Wo ist denn der alte Mann?"

„Er steht vor dem Supermarkt und verkauft Softeis."

GROSSELTERN ...

... fällt immer nur ein,

was sie **FRÜHER**

alles **RICHTIG** gemacht haben.

... sind **ELTERN**

im **ZWEITEN VERSUCH**.

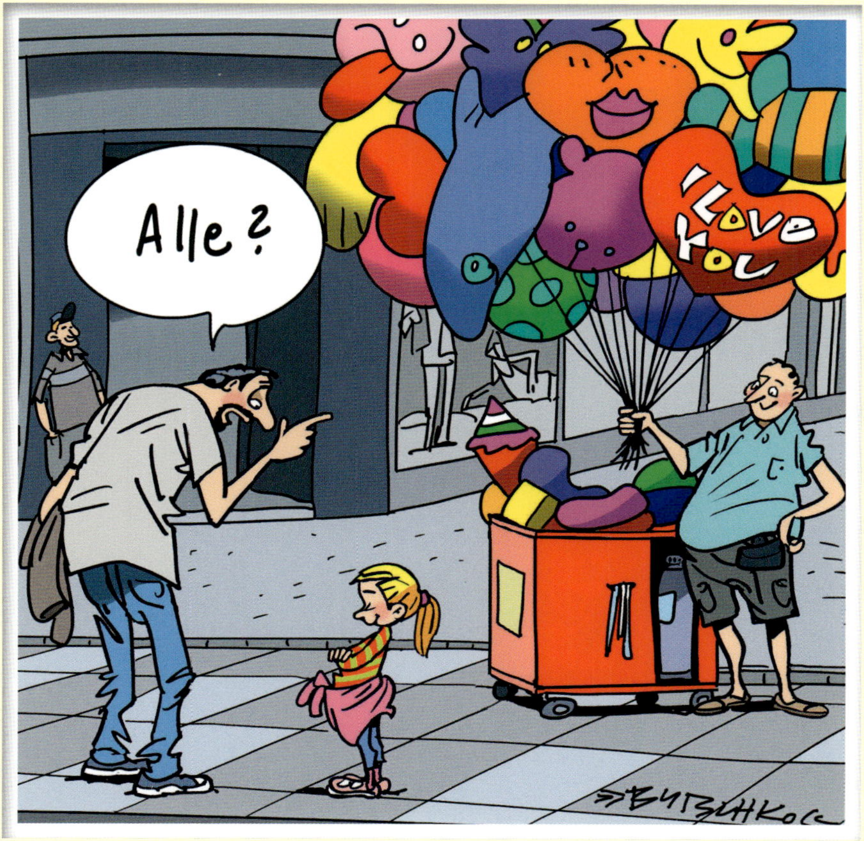
Alle?
I Love You

Wie du rumläufst! Was sollen nur die Leute von deiner Oma denken?!
BUTSCHKOW

Lachen auf Opas Kosten

Die Großeltern planschen mit ihren Enkelkindern im Meer, anschließend zieht sich Opa am öffentlichen Badestrand um. Oma zischelt ihm zu: „Aber Frank, du verlierst ja deine Autorität!"

Abends rennt Opa im Hemd über den Flur. Wispert die kleine Anna ihrem Brüderchen zu: „Du, ich hab eben Opas Autorität gesehen."

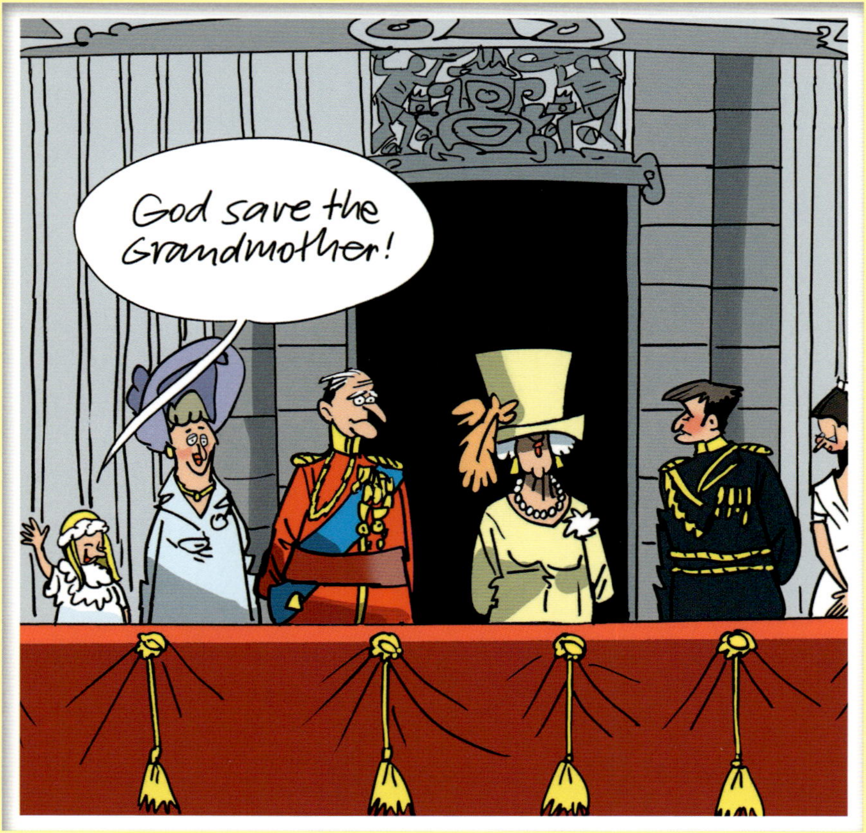
God save the Grandmother!

Wer vier Stufen mit einem Sprung schafft, der ist Sieger! Okay, Oma?
BUTSCHKOW

ZAHLEN, BITTE!

93

Mal in der Woche fragen Großeltern ihre Enkelkinder „Hast du mich noch lieb?" Nachweislich wird diese Frage generell mit „Ja!" beantwortet. Ob freiwillig oder unter Zuhilfenahme von Bestechungs-Lollis, ist schwer zu ermitteln.

3.405.001

Mütter geben ihr Kind am liebsten zur Oma. Weit abgeschlagen kommt dann erst die Super-Nanny und „Astrid", das Kinder-Betreuungs-Zimmer eines bekannten schwedischen Möbelhauses.

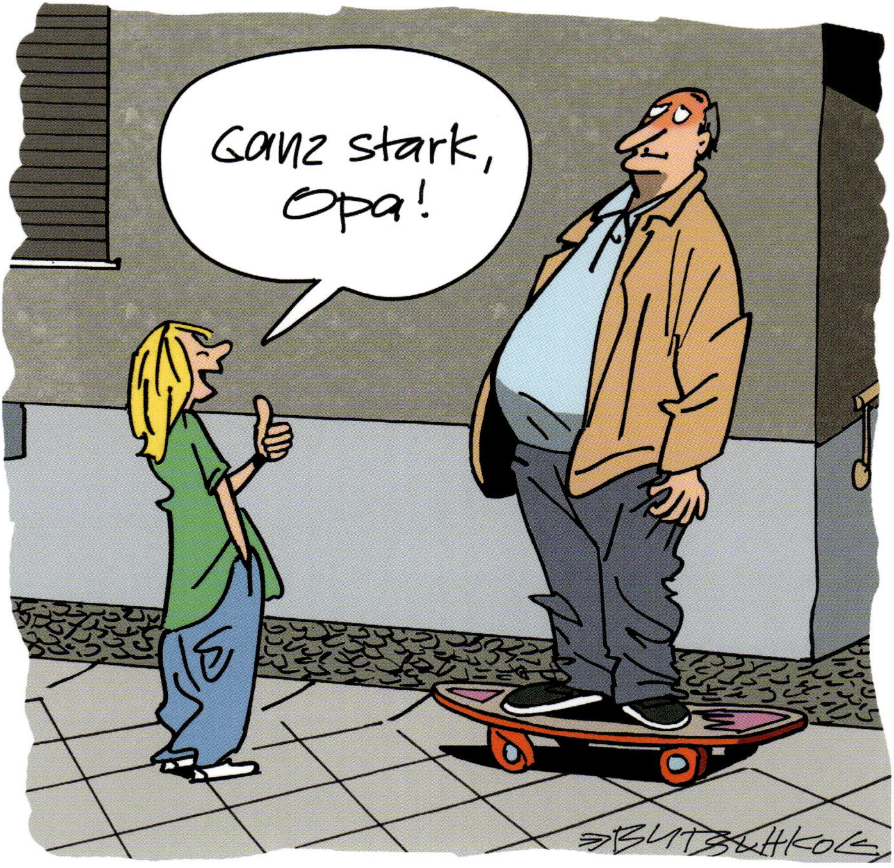
Ganz stark, Opa!
BUTSCHKOW

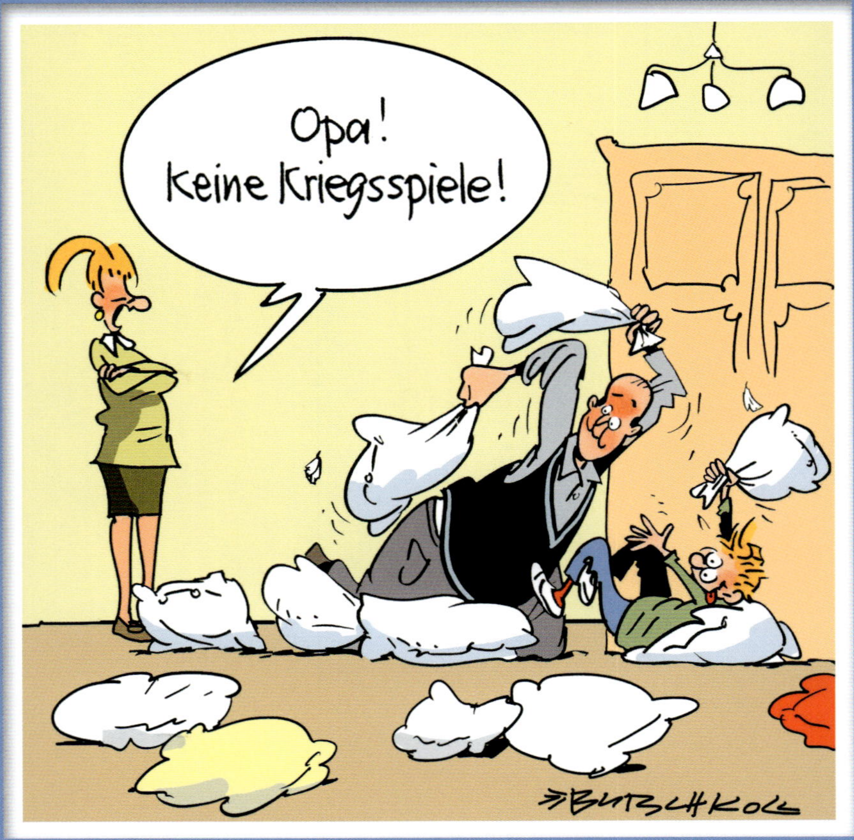
Opa! Keine Kriegsspiele!
BUTSCHKOW

Wir sind jetzt mit unserer Enkelin befreundet!
Gefällt mir!
BUTSCHKOW

Opas löffel sind die vollsten!

Soll ich später noch mal anrufen, Opa?

Psssst!
Der Typ ist Klasse, Süße!
Kann backen und gut mit
der Schaufel umgehen.
BUTSCHKOW

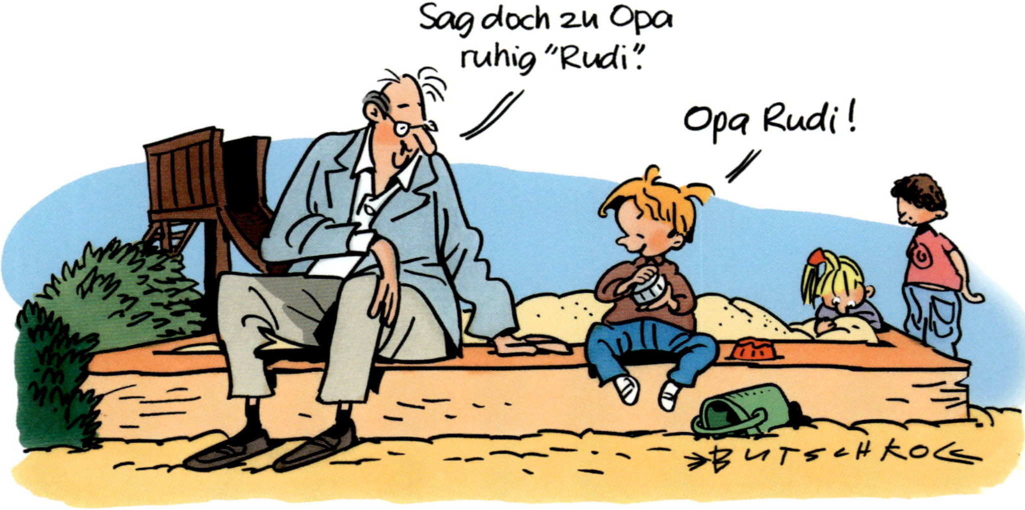
Sag doch zu Opa ruhig "Rudi".
Opa Rudi!
BUTSCHKOW

Plappermäuler

Opa steckt mir manchmal
was zu, was wir
unter uns lassen.

—— ℓℓℓℓ ——

Zum Wohl, wer
Oma und Opa hat.

Peter Butschkow

Cartoonist und Textautor mit Berliner Wurzeln, lebt in Nordfriesland und teils in Passau. Der Spannungsbogen zwischen Nordfriesland und Niederbayern ist seinen Inspirationen offenbar förderlich.

© 2013 Lappan Verlag GmbH
Postfach 3407, 26024 Oldenburg
www.lappan.de
ISBN 978-3-8303-4305-9
Der Lappan Verlag ist ein Unternehmen der Verlagsgruppe Ueberreuter.

Viel Spaß mit Hunden!
ISBN 978-3-8303-4299-1

Viel Spaß beim Zahnarzt!
ISBN 978-3-8303-4297-7

Viel Spaß beim Tennis!
ISBN 978-3-8303-4298-4

Lappan
Bücher, die Spaß bringen!

VIEL SPASS!

www.lappan.de

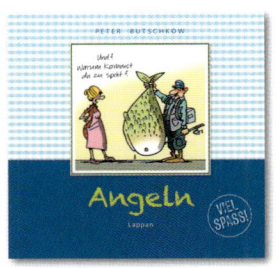

Angeln – Viel Spaß!
ISBN 978-3-8303-4275-5

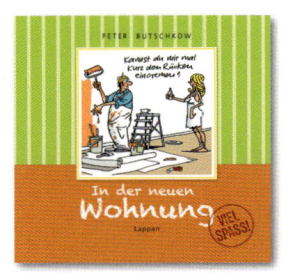

In der neuen Wohnung – Viel Spaß!
ISBN 978-3-8303-4273-1

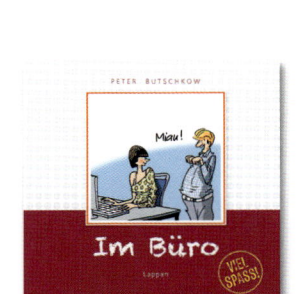

Im Büro – Viel Spaß!
ISBN 978-3-8303-4274-8

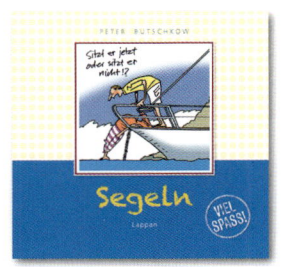

Segeln – Viel Spaß!
ISBN 978-3-8303-4276-2